I0429264

Plan Deliberado© para tu empresa.

Tu guía, tu brújula en tiempos difíciles.

Deliberate Plan©

Por: Lisandra Pagán, PhD.

2017 © Todos los derechos reservados, Lisandra Pagán, PhD.

Plan Deliberado© Para tu Empresa

¿Sabías que: 1 de cada 4 pequeña empresa cierra después de que ocurre un desastre, que nunca vuelven a operar? Por cierto, de acuerdo a reportes de FEMA y la Administración de Pequeñas Empresas un 40% de las empresas fracasa después de una interrupción? Los estudios concluyen que ese número se puede reducir drásticamente si los dueños de empresas toman acción para prepararse.

¿Tienes un plan de negocio que incluye preparativos para lo inesperado? Si no tienes un plan para prepararte para interrupciones y situaciones inesperadas hay muchas cosas que puedes hacer para proteger tu empresa y asegurarte de que comience a operar a la brevedad posible después de algún reto o interrupción. Recuerda que mientras más días tardes en re-comenzar operaciones, más difícil se hace la recuperación. Te invito a que comiences el proceso creativo del Plan Deliberado©.

Yo soy la Dra. Lisandra Pagán, fundadora de Deliberate Plan Consulting LLC. Y la autora del Deliberate Plan© o Plan Deliberado©. Quiero ayudar a pequeños empresarios a prepararse para desastres y situaciones inesperadas que impiden las operaciones normales en las empresas que con tanto sacrificio y esfuerzo estableciste.

El Plan Deliberado© fue creado usando como guía los principios utilizados por el US Army en su proceso llamado *Planificación durante tiempos de paz*. Este proceso fue analizado y adaptado a las empresas. Es un proceso bien pensado y analizado, estratégicamente desarrollado en tiempos donde no hay estrés o presiones. Esto permite un análisis detallado, libre de prejuicios y enfocado a cubrir todas las posibles áreas de necesidad de cada empresa. Es un proceso efectivo ya que se adapta a las necesidades específicas de cada empresa.

Ahora, déjame aclararte que el Plan Deliberado© no es un libro normal, de hecho, es un libro de trabajo. En este manual incluyo toda la información que me hubiera gustado conocer antes de perder todo en mi negocio. Vas a notar que he dejado espacios en blanco, marcados por líneas para que poco a poco escribas tu plan. La idea es que tomes acción según vas leyendo el Plan Deliberado© ¡Qué buena idea! ¿Verdad? A la misma vez vas a ir desarrollando un plan detallado que se ajusta a las necesidades de tu empresa en particular.

¿Quién dijo que los libros no se escriben? NO te preocupes escríbelo, tacha y empieza otra vez si es necesario, yo no me voy a molestar. De hecho, si necesitas hojas adicionales para escribir tu plan, visita my sitio web en www.deliberateplan.com y envíame un mensaje, yo te enviaré hojas de trabajo adicionales.

Como una manera más de añadir más valor a tu decisión de tomar parte activa en planificar para tu empresa, quiero ofrecerte la oportunidad de recibir una sesión de Planificación estratégica complementaria para ti, via Skype o por telefóno. Si te interesa hacerme preguntas específicas, ésta es tu oportunidad de hacerlo. Sólo entra al siguiente enlace y agenda tu sesión: http://bit.ly/2nEBk3q

¡Adelante, no te cuesta nada!

Introducción

El objetivo principal del **Plan Deliberado**© es preparar tu empresa, para posibles situaciones que pueden surgir como consecuencia de eventos naturales o creados por el ser humano. Para lograr el desarrollo de un plan que considera la mayoría de los riesgos que enfrenta tu empresa, es necesario hacer un estudio minucioso de la empresa.

El estudio minucioso te va a ayudar a determinar: ¿Cuáles son los factores de mayor riesgo para tu empresa? Y ¿cuáles representan un riesgo menor? Sólo tú, como dueño de la empresa conoces cuáles son las áreas fuertes de tu empresa y lo que necesitas para poder operar a un nivel razonable. Es por eso que tu contribución a éste proceso es de suma importancia. Yo por mi parte te guío y te ofrezco mis sugerencias y recomendaciones. Recuerda, al fin y al cabo tú vas a hacer la decisión de minimizar el riesgo en las áreas que tú entiendas que son más importantes y cuáles son las acciones a tomar para proteger tu empresa.

Para guiarte en el proceso quiero explicarte primero ¿qué es el **Plan Deliberado©**? El Plan Deliberado© es un proceso de planificación estratégica que le provee al dueño de la empresa una guía práctica que le ayudará a tomar decisiones en tiempos de crisis. Ahora, vamos a explicar todo eso en una forma más fácil de comprender. Es un proceso de planificación estratégico; por tanto se lleva a cabo con la contribución del dueño de la empresa, el consultor y un equipo de trabajo. Es estratégico porque toma en cuenta las fortalezas y debilidades de la empresa, sus empleados, los recursos disponibles y contingencias para determinar la situación actual y el estado final de preparación al que se quiere llegar. Una vez terminado el **Plan Deliberado** © se convierte en una guía. Es un manual de instrucciones para facilitar la toma de decisiones cuando estos eventos suceden.

Una de los atributos del Plan Deliberado© es que al ser desarrollado en tiempos de "paz" o tiempos en los que no ha ocurrido ningún evento natural o creado por el ser humano, nos permite ver muchos ángulos que posiblemente bajo presión no los íbamos a ver. Te pregunto, ¿alguna vez has buscado algo y no lo encuentras, pero cuando no lo buscas aparece? Me imagino que tu respuesta es ¡si! Esa es la lógica que yo uso para desarrollar mi plan. Yo busco soluciones antes de estar "como loca" buscándolas. Eso me ayuda a ver las alternativas desde otra perspectiva, a mirar desde afuera y ver detalles que cuando estoy obstinada con algo simplemente se me escapan. Es por eso que el **Plan Deliberado©** se desarrolla cuando *no hay necesidad inmediata de implementarlo*. Se desarrolla, se practica, se evalúa, se corrigen las áreas que necesiten corrección o mejora, y se perfecciona con la práctica. El resultado final, es un plan que cuando se implementa fluye naturalmente. La implementación no es necesariamente 100% perfecta pero, evita la crisis dentro de la crisis. Evita la toma de decisiones disparatadas y el desperdicio de tiempo, de recursos y de esfuerzos. Ahora, ya que entendemos la importancia del **Plan Deliberado©**, contingencias y la lógica, ¡vamos a trabajar!

Procedimiento general para desarrollar un Plan Deliberado©

1. Estudia minuciosamente el estado actual de la empresa.

2. Estudia los posibles riesgos, amenazas, vulnerabilidades que enfrenta la empresa. Considera el presente y el futuro.

3. Para cada riesgo, amenaza o vulnerabilidad asigna un valor de importancia. Comienza a buscar posibles soluciones.

4. Desarrolla posibles soluciones para los riesgos, amenazas o vulnerabilidades de mayor importancia. Selecciona por lo menos dos posibles soluciones.

5. Selecciona la mejor alternativa.

6. Desarrolla un plan de acción. ¿Cómo implementarías cada una de esas soluciones? Explícalo y documéntalo.

7. Haz el plan disponible para todos, discútelo con los líderes de grupo y los empleados.

8. Practica el plan y evalúa los resultados.

9. Corrige las áreas con las cuáles no estás satisfecho.

10. Practica el plan hasta que estés satisfecho con los resultados.

Paso 1: Estudia minuciosamente el estado actual de la empresa.

Para llevar a cabo un estudio minucioso de la empresa, tú como dueño debes contestar las preguntas de la forma más honesta posible. Debes entender que éste paso que has dado es el que va a asegurar tu empresa, tu futuro y posiblemente te va a ayudar a duplicar tus ingresos en tiempos de crisis.

Lo primero que debes estudiar es el estado de tu plan de contingencia.

¿Tiene un plan?

_____

_____

Si tienes un plan, ¿desde cuándo no lo revisas?

_____

¿Lo ha discutido con sus empleados?

_____

¿Saben ellos que ese plan existe?

_____

¿Cuál fue el resultado de tu última evaluación?

_____

_____

_____

_____

_____

¿Ese plan, llena las necesidades actuales de la

empresa?

_____

¿Si lo fueras a implementar hoy, te sentirías confiado de que va a cumplir con las expectativas o las necesidades actuales de tu empresa?

_____

_____

Nunca has tenido un plan

¿Cuáles son los riesgos que enfrenta tu empresa? (Piensa en tecnología, área donde se encuentra, suplidores, los materiales que necesitas y que pasaría si no los tienes, en general ¿cuáles son las cosas que pueden detener tu empresa?¿Qué puede hacer que cierres tu empresa?

_____

_____

_____

_____

_____

_____

_____

_____

_____

_____

_____

Si ocurriera una emergencia, ¿sabrían tus empleados

que hacer? ¿Les has dado instrucciones específicas de

cómo proceder si hay una emergencia y tú no estás?

_____

_____

_____

_____

_____

En el tiempo que lleva tu empresa operando, ¿cuántas veces les has comunicado a tus empleados que hacer si ocurre algún evento y tú mueres? ¿Saben ellos a quién acudir? ¿Quién va a hacer decisiones en tu ausencia?

_____

_____

_____

_____

_____

_____

En caso de alguna emergencia, ¿saben tus empleados cuáles son los factores que determinan el curso de acción a seguir? ¿Cuáles factores activarían un plan de emergencia y cuáles no requieren la activación del plan?

_____

_____

_____

_____

_____

¿Saben tus empleados que función tendría cada uno de ellos si el plan de emergencias es activado? ¿Los has entrenado recientemente para situaciones de emergencia?

_____

_____

_____

_____

_____

¿Has identificado líderes en tu empresa que puedan tomar las riendas de la implementación del plan de emergencia? ¿Los has entrenado? ¿Saben ellos sus roles y responsabilidades?

_____

_____

_____

_____

_____

_____

Después de haber contestado estas preguntas honestamente ya sabes cuál es la realidad de tu empresa en términos de tu plan de contingencias. Utiliza este espacio para tomar nota de tus reflexiones en relación al estado actual y el estado futuro que quieres alcanzar.

Estado actual:

_____

_____

_____

_____

_____

_____

_____

_____

_____

_____

_____

_____

_____

_____

Lo que quiero alcanzar en el futuro:

_____

_____

_____

_____

_____

_____

_____

_____

_____

_____

_____

_____

Define claramente ¿qué es lo que quieres

alcanzar? Si no sabemos hacia dónde

queremos ir, ¿cómo vamos a poder llegar?

Paso 2: Estudia los posibles riesgos, amenazas, vulnerabilidades que enfrenta la empresa. Considera el presente y el futuro.

En el paso 1 revisaste brevemente cuáles son los posibles riesgos que enfrenta tu empresa. Ahora vamos a elaborar más en eso.

Las operaciones de tu empresa ¿dependen del uso de tecnología?

_____

¿Tienes Backups?

_____

¿Qué pasaría si tienes una intrusión criminal en tus records?

_____

_____

_____

_____

¿Qué pasaría si por accidente se borra o pierde

información importante como records financieros,

contactos importantes, documentos legales, propiedad

intelectual, información privada de tus clientes o

empleados?

_____

_____

_____

_____

_____

_____

_____

_____

_____

_____

_____

_____

_____

Para tus operaciones ¿se requiere electricidad? ¿agua potable?

_____

_____

¿Tienes generador de electricidad? ¿Reservas de agua potable?

_____

_____

¿Cuánto tiempo puedes operar sin electricidad, sin agua potable?

_____

_____

¿Qué harías si te quedas sin electricidad/ agua por más tiempo?

_____

_____

¿Puedes continuar tus operaciones?

_____

_____

¿Tienes que cerrar?

_____

_____

¿Qué pasa con tu inventario si no hay electricidad?

_____

¿Qué pasaría con tu materia prima si no hay

electricidad por un periodo de tiempo largo?

_____

_____

_____

_____

¿Quién depende de tu servicio?

_____

_____

¿Qué pasaría si no puedes proveer tu servicio o

continuar operaciones?

_____

_____

_____

_____

_____

_____

_____

_____

¿Está tu empresa localizada en un área inundable,

propensa a huracanes, tornados, temblores, o propensa

a fuegos forestales?

_____

_____

_____

_____

La estructura donde está localizada tu empresa ¿es

fuerte? ¿Tiene signos de daños estructurales?

¿Muestra daños estructurales? ¿Muestra áreas que te preocupan?

_____

_____

_____

_____

_____

_____

_____

_____

_____

_____

En términos de desastres causados por el ser humano, ¿está tu empresa cerca de una planta nuclear, o facilidades que puedan comprometer la salud o el ambiente?

_____

_____

_____

_____

_____

_____

_____

_____

¿Pueden tus servicios o productos comprometer la

salud de tus clientes y empleados o la calidad

ambiental?

_____

_____

_____

_____

_____

_____

¿Pueden los desechos de tu empresa comprometer la

salud de tus clientes, empleados o la calidad

ambiental?

_____

_____

_____

_____

_____

_____

¿Está tu empresa localizada en un área donde los

desechos de otra empresa puedan comprometer la

salud de tus empleados, clientes o la calidad

ambiental?

_____

_____

_____

_____

_____

_____

¿Conoces si tus vecinos o empresas cercanas manejan

químicos?

_____

_____

_____

_____

_____

_____

_____

_____

_____

¿Tu empresa maneja químicos? ¿Tienes un listado de los químicos y el Material Safety Data Sheet (MSDS) de cada químico que usan?

_____

_____

_____

_____

_____

_____

¿Saben tus empleados donde se encuentran los MSDS y para qué sirven?

_____

_____

_____

_____

_____

_____

¿Conoces el plan de emergencia de la empresa o

vecino más cercano?

_____

_____

_____

_____

_____

_____

¿Consideras peligrosas algunas prácticas de las empresas cercanas a tu empresa?

_____

_____

_____

_____

_____

_____

_____

Paso 3: Para cada riesgo, amenaza o vulnerabilidad asigna un valor de importancia. Comienza a buscar posibles soluciones.

¿Cuáles son los mayores riesgos que enfrenta tu empresa? ¿Cuáles te preocupan más? ¿Por qué?

_____

_____

_____

_____

_____

_____

_____

_____

_____

_____

_____

_____

_____

¿Cuáles riesgos que enfrenta tu empresa consideras

menores? ¿Por qué?

_____

_____

_____

_____

_____

_____

_____

_____

_____

¿Cuáles son las posibles soluciones para los riesgos mayores? ¿Cómo minimizarías la posibilidad de que ocurran?

_____

_____

_____

_____

_____

_____

_____

_____

_____

_____

_____

¿Qué estrategias establecerías para minimizar las posibilidades de que ocurran? ¿Cómo lo harías?_____

_____

_____

_____

_____

_____

_____

_____

_____

_____

_____

_____

_____

_____

_____

_____

_____

_____

_____

¿Cuáles de esas estrategias, acciones, soluciones son realmente posibles? Considera tiempo, costos, habilidad de implementar. Considera tu personal y recursos disponibles.

_____

_____

_____

_____

_____

_____

_____

_____

_____

_____

_____

_____

_____

_____

De las soluciones y estrategias que se te ocurren,

¿cuáles será posible implementar?

_____

_____

_____

_____

_____

_____

_____

_____

_____

¿Cuáles vas a implementar primero? ¿Cuáles son tus

prioridades?

_____

_____

_____

_____

_____

_____

_____

_____

_____

_____

_____

_____

¿Cuáles vas a implementar luego? ¿Cuáles no son

prioridad? ¿Por qué no son prioridad?

_____

_____

_____

_____

_____

_____

_____

_____

_____

_____

¿Cuáles riesgos estás dispuesto(a) a aceptar que

sucedan sin hacer nada al respecto? ¿Qué cosas no te

preocupan, o simplemente te es indiferente si ocurren?

_____

_____

_____

_____

_____

_____

_____

_____

¿Por qué estás dispuesto (a) a "correrte" esos riesgos?

_____

_____

_____

_____

_____

_____

_____

_____

Paso 4: Desarrolla posibles soluciones para los riesgos, amenazas o vulnerabilidades de mayor importancia. Selecciona por lo menos dos posibles soluciones.

Posibles soluciones para los riesgos que más te preocupan

_____

_____

_____

_____

_____

_____

_____

_____

_____

_____

_____

_____

_____

_____

Selecciona las dos mejores estrategias o soluciones

para cada prioridad.

_____

_____

_____

_____

_____

_____

_____

_____

_____

_____

_____

_____

_____

_____

Compara las soluciones. ¿Cuáles son más factibles?

¿Tengo los recursos y el personal para eso? ¿Por qué

es mejor alternativa? ¿Por qué no es la mejor opción?

¿Cuál es el esfuerzo necesario para lograr implementar

esta alternativa? ¿Estoy dispuesto(a)?

_____

_____

_____

_____

_____

_____

Paso 5: Selecciona la mejor alternativa.

¿Cuáles son mis alternativas? ¿Estas soluciones me llevan al estado final que persigo? Reflexiona en tu selección.

_____

_____

_____

_____

_____

_____

_____

_____

_____

_____

_____

_____

_____

_____

_____

_____

_____

_____

_____

¿Dudas? ¿Qué te sigue preocupando?

_____

_____

_____

_____

Paso 6: Desarrolla un plan de acción. ¿Cómo implementarías cada una de esas soluciones? Explícalo y documéntalo.

Escoge tu RED team. Tu RED team es el grupo de líderes en tu empresa que te va ayudar en la implementación. Busca personas que actúen, personas de acción. El RED team va a discutir contigo la implementación del plan, las estrategias a seguir y te van a ayudar a determinar quiénes pueden asumir roles y funciones durante tiempos de crisis. Este paso es crítico en dos sentidos, primero sólo tú y tus empleados saben quiénes son los líderes y las personas de acción. Segundo sólo el ustedes van a poder planificar operaciones ya que sólo ustedes conocen los procesos diarios y necesarios de la empresa. Durante éste paso el consultor provee guía en la toma de decisiones pero la participación mayor es de el dueño de la empresa y el RED team.

El proceso de operaciones se documenta paso por paso. La guía final tiene que incluir detalles para que el RED team o el personal pueda implementar el plan o "llamar el plan" sin necesitar la presencia o autorización del dueño de la empresa. Se tiene que documentar a la misma vez cuales son las situaciones que ameritan que se "llame el plan" y cuales se van a manejar de otra forma. Por ejemplo:

Juan es el RED team leader, un cliente colapsa y aparenta tener una condición de salud de vida o muerte. Inmediatamente Juan entiende que no necesita "llamar el plan" solo necesita llamar 9-1-1 y asegurarse de que el cliente reciba atención médica. Adicional a eso, Juan sabe que tiene que desalojar el área, detener

operaciones, ignorar los teléfonos mientras se

atiende la emergencia y todo regresa a la

normalidad. Juan sabe que después de llamar

al 9-1-1 él puede contactar al dueño de la

empresa.

En este ejemplo se describe el orden de pasos que Juan siguió basándose en una respuesta que no requería que se "llamara el plan":

1. Evaluar la emergencia
2. Llamar 911
3. Desalojar el área para que el cliente reciba atención medica.
4. Ignorar el teléfono y detener operaciones hasta que la situación esté bajo control.
5. Contactar al dueño.

Siguiendo ese mismo ejemplo, imagínate todo lo que pudiera suceder si Juan no supiera que hacer ¿llamar al dueño para preguntarle qué hacer? ¿Seguir atendiendo clientes y despachando ordenes mientras los paramédicos tratan de asistir al paciente? ¿Qué pasaría si Juan se paraliza de temor? Todas estas situaciones pueden ocurrir, es por eso que es necesario documentar un plan detallado, comunicarlo a todos y mantenerlo accesible para que sirva de referencia.

Sin embargo, si ese mismo escenario incluyera una segunda persona colapsando Juan hubiera tenido que "llamar el plan" o mejor dicho implementar el Plan Deliberado. Eso probablemente incluiría buscar la causa de lo que estaba sucediendo, detener las operaciones normales, llamar al 9-1-1, llamar a las autoridades, desalojar la empresa, hacer un conteo de empleados para asegurarse de que todos estén en el área asignada, asegurar la seguridad de personas con impedimentos, mantener a las personas presentes en un lugar separado para la investigación, etc. En este segundo caso, los líderes del RED team hubieran tenido que asumir sus roles y llevar a cabo sus funciones dentro para con el plan. Todo hubiera sido diferente.

Como no siempre es necesario implementar el plan por completo, todos los empleados deben conocer cuáles son los "triggers" o las razones que justifican la implementación. Eventos mayores siempre requieren que se llame el plan. Puede ser llamado según es necesario. Inclusive puede ser llamado a menor escala (dos o tres personas ejecutando y el resto del personal continua sus funciones) al igual que ir añadiendo recursos y personas a la implementación. Es necesario hacer extremadamente claro cuáles son los eventos que no requieren la implementación del Plan Deliberado.

** Prepara un plan detallado en el cuál se documenta los pasos a seguir cuando se "llama el plan". Establece qué situaciones requieren que se llame el plan. Prepara un listado que clarifique qué situaciones no requieren "llamar el plan".

_____

_____

_____

_____

_____

_____

_____

_____

_____

_____

_____

La primera página del documento debe incluir las situaciones específicas en las que se debe llamar el plan. Yo te recomiendo que fuera del documento haya también copias en el break room, baños de empleados, donde quiera que puedas recordarle cuáles son las situaciones que requieren que se llame el plan y cuáles no. Siempre es posible que se llame el plan sin ser necesario y eso es algo que se puede corregir.

Desafortunadamente, si no se llama el plan cuando es necesario llamarlo, las consecuencias pueden ser fatales. Es por eso que te recomiendo que le recuerdes de todas las maneras posibles las situaciones que requieren que se llame el plan. Personalmente pienso que es mejor llamarlo sin necesitarlo, que necesitarlo y no llamarlo.

_____

_____

_____

_____

_____

Paso 7: Haz el plan disponible para todos, discútelo con los líderes, con el RED Team y con todos los empleados.

Todo el tiempo, esfuerzo y dinero que has invertido en tu Plan Deliberado no va a servir de nada si no comunicas el plan con todos. Si no se comunica el plan termina siendo nada más y nada menos que otra carpeta, folleto o folder guardado en una gaveta (Con suerte llega a una gaveta y no termina accidentalmente en la basura). Haz copias del plan, pídeles a tus líderes que lo lean y tenga su copia en un lugar seguro para futuras referencias. Ten copias adicionales para aquellos que quieran una copia. Sobre todo mantén una copia en tu carro, una copia digital en tu teléfono o email. Lee el plan, apréndetelo de memoria si es posible. Recuerda que el día que lo vas a usar no se sabe cuándo es. Tienes que tener el plan accesible para referencia. Hoy en día casi todo el mundo tiene un teléfono inteligente, pues envíale una copia electrónica. Después de todo es posible que su teléfono sea lo primero que agarren en el evento. Pues si tienen el documento en un formato digital lo pueden accesar y utilizarlo.

Discute el plan. Dedica tiempo a discutirlo, no le des una copia y asumas que lo van a leer. Ese plan es el fruto de tu esfuerzo, dedicación, de horas de análisis. Explícalo, habla de cómo se llegó a ese plan, intégralos en la discusión. Haz preguntas, permite que te hagan preguntas. Asigna responsabilidades y crea un programa de incentivos si es necesario. Yo no recomiendo incentivos monetarios pero incentivos en términos de liderato. Si se interesan en ser parte del plan de seguro son recursos que se pueden entrenar y hacerlos parte del RED team. Es importante que vean estas acciones como necesarias, se entusiasmen con ellas y no las vean como algo adicional que hacer o como una carga. Después de todo de estas acciones depende el futuro de la empresa y el trabajo de todos, pues vamos a darle participación en el futuro de la empresa.

_____

_____

_____

_____

_____

_____

_____

Paso 8: Practica el Plan y evalúa los resultados.

Cómo dice el refrán la práctica hace la perfección. El Plan va a funcionar como un sistema cuando todos los componentes del sistema trabajen sincronizados. Por eso es importante enseñarle a cada uno de los empleados lo importante que es su participación para el éxito de todos y demostrarles que es trabajo de equipo. Nadie lo puede hacer solo. Practica el plan, empieza por algo sencillo. Por ejemplo; practica que harían si no hay electricidad por tres días consecutivos. Permítele equivocarse, después de todo es la primera práctica oficial. Siempre van a haber errores, omisiones de pasos o procedimientos. Lo importante es ver quién está interesado y quién no. Eso te puede dar una idea de cómo re-asignar equipos de trabajo, que cualidades necesitas en los líderes, como se comportan las personas bajo presión, etc.

Esta práctica te debe dar la oportunidad de ver inmediatamente qué puede funcionar y qué por más que se intente no va a dar resultado (en términos de personal y estrategias que es lo que podemos controlar). Evalúa los resultados. ¿Qué áreas necesitan ser revisadas? ¿Qué áreas pueden ser mejoradas? ¿Cuáles no van a resultar? Se honesto(a), si tienes empleados difíciles éste es el momento de ver qué funciones definitivamente no van a poder cumplir. Re-asigna.

Reflexiona / Evalúa:

_____

_____

Paso 9: *Corrige las áreas con las que no estás satisfecho(a).*

Si eres como yo, nunca estoy satisfecha con mi árbol de navidad. Todos los días de la navidad le muevo adornos, le cambio de aquí para allá y de allá para acá. Cuando es de día y las luces están apagadas le veo huecos que necesitan adornos y los relleno. Cuando es de noche y las luces están encendidas veo los adornos que bloquean la luz y los muevo para ver las luces brillar. Esa debe ser tu actitud, el **Plan Deliberado©** es un documento vivo. Necesita ser examinado cada vez que empleados se van o llegan. Se debe revisar cuando es "de día" para ver que empleados necesitan moverse de función y "de noche" para ver quienes están obstruyendo la luz o mejor dicho impidiendo el éxito de la implementación. No olvides que muchos se van y quedan huecos vacíos que necesitan ser llenados a la brevedad posible. Para todos los cambios y movimientos siempre es recomendado hablar de estrategias con el RED team.

De igual forma vas a necesitar considerar que alguno se va a interesar más en ser parte activa del **Plan Deliberado©** y van a querer formar parte del RED Team. Identifica quién no maneja bien el estrés y remplaza esa persona por otra que pueda ser efectiva bajo presión. Recuerda, consecuencias pueden ser fatales si alguien se paraliza de pánico. Haz cambios, entrena personal nuevo si es necesario. Cuando ya tengas las fichas correctamente asignadas, practica una y otra vez. Haz cambios siempre que sea necesario. Nuevos líderes van a surgir, otros van a decidir no tener participación mayor. Lo importante es que tu grupo de apoyo, tu RED team sea siempre un respaldo, disponible para tomar control cuando sea necesario.

Yo te recomiendo que entrenes a los equipos de trabajo por lo menos una vez al mes al principio en lo que ellos desarrollan el hábito de hablar del **Plan Deliberado©**. Una vez los miembros de los equipos se integran ellos mismos te van a proveer soluciones, ideas, estrategias. Cuando todo esté marchando a paso firme puedes hacer una reunión breve mensual y un entrenamiento trimestral. Practiquen diversos escenarios y situaciones. Sorpréndelos de vez en cuando. Mantenlos interesados y vas a tener un equipo sólido, preparado y dispuesto a asumir sus funciones.

Reflexiona/ Evalúa:

_____

_____

_____

_____

_____

_____

_____

_____

_____

_____

_____

_____

_____

_____

Paso 10: Practica el plan hasta que estés satisfecho

Como dije antes, el **Plan Deliberado©** es un documento viviente, nunca vas a estar 100% satisfecho. Siempre va a haber alguien que entrenar, o alguien que se va y te deja una posición vacía, una estrategia que cambiar o mejorar, siempre hay algo que revisar. ¡Ese es el propósito! ¡Que no te confíes! Sino todo lo contrario, que te prepares. Por lo tanto practica el plan hasta que estés satisfecho, es sólo una manera de decir practica, practica, practica.

Los estudios han encontrado que aquellos que caen en la complacencia, se conforman y ese es el momento en que se demuestra que no estaban tan preparados como pensaban. Es por eso que yo te invito a estudiar tu empresa como mínimo una vez al año. Evalúa tendencias y patrones que van cambiando.

Observa y mantente vigilante en términos de tecnología, preferencias, gustos de los clientes. De igual manera te invito a que no te conformes con un plan en una gaveta, re-evalúa ese plan. Ajústalo a tus nuevos procesos, a tus nuevas aventuras empresariales o simplemente a la realidad de tu empresa que va evolucionando. Recuerda que tu empresa es tu patrimonio, tu legado, el fruto de tus esfuerzos, no la dejes a la suerte.

Pensamientos/ Inquietudes:

_____

_____

_____

_____

_____

_____

_____

_____

_____

_____

¡Felicitaciones, Ya tienes tu Plan Deliberado©!

Ahora sólo es cuestión de practicar, evaluar, y mejorar esas áreas que no salieron como esperabas. Te recomiendo Utilices este manual las veces que sea necesario para que re-escribas las partes que necesitan mejorarse. Si necesitas copias adicionales me puedes contactar via email a la siguiente dirección: info@deliberateplan.com yo te enviaré un PDF con las páginas para que puedas volver a llenar el cuestionario sin necesidad de comprar el manual nuevamente.

Es mi deseo que este manual te haya sido de mucha utilidad y que tu Plan Deliberado© te provea la dirección necesaria en tiempos difíciles. Cualquier duda, pregunta o consulta no dudes en comunicarte conmigo. Visita mi sitio web www.deliberateplan.com

Pero antes de que terminemos esta charla, quiero recordarte que a los usuarios del Plan Deliberado© le ofrezco una Sección de Planificación complementaria para que aclares tus dudas, me hagas preguntas, y recibas algunas recomendaciones de mi parte. Siempre recomiendo que agendes la sección para cuando estés más avanzad@ en el proceso para que puedas aprovechar la oportunidad y aclarar todas las dudas. Si quieres agendar la sección de Planificación complementaria sólo visita este enlace y escoge la hora/día que mejor te conviene:

http://bit.ly/2nEBk3q

También te recuerdo que en mi sitio web
www.deliberateplan.com vas a encontrar herramientas
y recursos adicionales para que puedas desarrollar un
plan efectivo. Si quieres recibir mis invitaciones para
los seminarios y talleres en línea te invito a que te
registres en mi página para que recibas
comunicaciones.

Y si necesitas ayuda personalizada, también
ofrezco servicios de consultoría individualizada en la
cual trabajo directamente contigo, para encontrar
soluciones que se ajustan a las necesidades de tu
empresa. Es mi más sincero deseo que tu empresa sea
exitosa y que se encuentre preparada para cualquier
reto o dificultad que pueda enfrentar. También deseo

que en el momento en que enfrentes esa dificultad o interrupción puedas recuperarte con rapidez. Creéme quiero ayudarte a tener una empresa exitosa y evitarte que pases por lo que yo pasé. Será un placer poder ayudarte en tu proceso de planificación. ¡Dios te bendiga y bendiga tu empresa!

Lisandra Pagán, PhD
& Deliberate Plan Consulting, LLC

www.ingramcontent.com/pod-product-compliance
Lightning Source LLC
Chambersburg PA
CBHW072110280526
45788CB00006B/2482